Monika Gänsler

Ländliche Gartenwelt
Motive aus Holz

Hier wohne ich!
Abbildung Seite 1

Motivgröße
ca. 15 cm x 17 cm

Material
- Sperrholzrest, 6 mm stark
- Sperrholz, 1 cm stark, A4
- Bastelfarbe in Gelbocker, Mittelbraun, Hautfarbe, Weiß, Schilf und Schwarz
- Bindedraht, ø 0,65 mm und 1,4 mm
- Bohrer, ø 1,5 mm und 3 mm
- Rechteckiges Stoffteil, 2,5 cm x 25 cm

Vorlagenbogen 2A

Sägen Sie die Maus, die Nase und die Pfötchen aus dem dünnen und das Kätzchen aus dem dicken Sperrholz aus. Bemalen Sie alles wie abgebildet und bohren Sie nach dem Trocknen alle Löcher ins Sperrholz; die großen Bohrungen benötigen Sie für die Aufhängung.
Bevor Sie das kleine Mäuschen fixieren, sollte es schon sein kleines, aus dünnem Bindedraht gebogenes Drahtschwänzchen eingeklebt bekommen haben.
Geben Sie dem Kätzchen seine Nasenspitze und beide Pfötchen. Für die Schnurrhaare biegen Sie jeweils ein dünnes Stück Draht zu einem „U", stecken dieses von hinten durch beide Löcher auf jeder Seite und biegen die Drahtenden kreisförmig um.
Hängen Sie das Schild an den gebogenen, dicken Draht (siehe Tipp auf Seite 6) und knoten Sie das Stoffteil an.

Fotos: frechverlag GmbH, 70499 Stuttgart; Fotostudio Ullrich & Co., Renningen

Dieses Buch enthält: 2 Vorlagenbogen

Materialangaben und Arbeitshinweise in diesem Buch wurden von der Autorin und den Mitarbeitern des Verlags sorgfältig geprüft. Eine Garantie wird jedoch nicht übernommen. Autorin und Verlag können für eventuell auftretende Fehler oder Schäden nicht haftbar gemacht werden. Das Werk und die darin gezeigten Modelle sind urheberrechtlich geschützt. Die Vervielfältigung und Verbreitung ist, außer für private, nicht kommerzielle Zwecke, untersagt und wird zivil- und strafrechtlich verfolgt. Dies gilt insbesondere für eine Verbreitung des Werkes durch Film, Funk und Fernsehen, Fotokopien oder Videoaufzeichnungen sowie für eine gewerbliche Nutzung der gezeigten Modelle.

Auflage: 5. 4. 3. 2. | Letzte Zahlen
Jahr: 2006 2005 2004 2003 | maßgebend

© 2002

frechverlag GmbH, 70499 Stuttgart
Druck: frechdruck GmbH, 70499 Stuttgart

ISBN 3-7724-3079-1 · Best.-Nr. 3079

Liebe Leserinnen und Leser,

dekorieren Sie Ihren Garten oder Eingangsbereich in diesem Frühjahr mal etwas anders, nämlich mit lustigen Sperrholzmotiven.

In diesem Buch finden Sie tolle Motive und bunte Anregungen dazu. Besorgen Sie sich Sperrholz und eine Laubsäge – schon kann der Sägespaß beginnen!

Für welches Motiv entscheiden Sie sich? Für die kleine Schnecke, das fesche Huhn, das Ihre Gartenutensilien trägt, oder den witzigen Gartenzwerg? Oder vielleicht für alle?

Ich wünsche Ihnen jedenfalls viel Spaß und Erfolg beim Sägen und Bemalen!

Ihre

Monika Gänsler

Frank und Karin Zilz
Mittelweg 4
38479 Tappenbeck
05366/5515

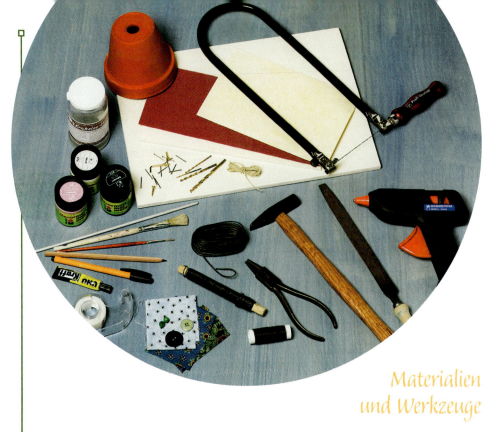

Materialien und Werkzeuge

Folgende Materialien benötigen Sie für fast jedes der im Buch gezeigten Motive. Die restlichen Materialien finden Sie in der jeweiligen Materialliste.

Hinweise

Der 1,4 mm starke Bindedraht ist unter dem Namen Rödeldraht im Baumarkt erhältlich!

Als „Rest" bezeichne ich immer ein Holzstück, das maximal A5 groß ist.

- Pappel-Sperrholz in den Stärken 4 mm, 6 mm und 1 cm
- Geglühter Bindedraht in den Stärken 0,35 mm, 0,65 mm und 1,4 mm
- Schleifpapier, Körnung 80 und 120
- Pauspapier, Kopierpapier (zum Schneidern)
- Transparentpapier
- Nägel, ø 1,2 mm, 20 mm lang
- Klebefilm
- Matte Acryl- oder Bastelfarbe
- Krakelier-Lack
- UHU Alleskleber Kraft
- Sprühlack
- Laub- oder Dekupiersäge (mit Sägeblättern für Holz)
- Bohrer (Spiralbohrer), ø 1,5 mm, 2 mm, 3 mm und 4 mm
- Bohrmaschine
- Schraubzwinge
- Feile
- Bleistift
- Breiter Borstenpinsel
- Schmaler Pinsel
- Dünner Stift in Schwarz (wasserfest)
- Heißklebepistole
- Seitenschneider
- Spitze Rundzange
- Hammer

So geht es

1. Legen Sie einen Bogen Pauspapier auf das Sperrholz und darüber den Vorlagenbogen. Fixieren Sie beide Bögen mit einem Klebestreifen. Nun brauchen Sie nur noch mit einem Bleistift die Linien des Motivs mit allen Innenlinien nachzuziehen. Die Einzelteile, wie z.B. die Arme des Zwerges (Seite 29), werden mit etwas Abstand zum Motiv extra aufgezeichnet. Dazu lösen Sie den Vorlagenbogen und ggf. das Pauspapier ab und kleben alles mit etwas Versatz wieder fest. Achten Sie bitte darauf, dass die Teile nicht überlappen!

2. Sägen Sie nun das Motiv mit einer Laub- oder Dekupiersäge sorgfältig aus. In den Ecken sägen Sie am besten auf der Stelle und drehen dabei das Motiv langsam. Sie können aber auch mit einem dünnen Bohrer ein kleines Loch in die Ecken bohren, das Sägeblatt dort einführen und so leichter die Ecken aussägen. Glätten Sie alle Kanten mit einer Feile und Schleifpapier.

3. Nun können Sie die Holzteile mit Acrylfarbe oder einer anderen für Holz geeigneten Bastelfarbe bemalen und alles trocknen lassen. Für den zarten, transparenten Anstrich habe ich die Farbe stark mit Wasser verdünnt. Kräftige Farbakzente, wie z.B. die Ohrenspitzen, habe ich durch unverdünntes Auftragen der Bastelfarbe erzielt. Nach dem Trocknen ziehen Sie die Augen und die Innenlinien mit einem dünnen schwarzen Stift nach. Dann kleben Sie alles mit UHU Alleskleber Kraft oder der Heißklebepistole zusammen, verzieren das Motiv noch ggf. mit Accessoires (wie z.B. Drahthaaren oder Stoff) und versehen es ggf. mit einem Alu-Rundstab.

Hinweis
Für alle Motive die im Garten ihren Platz finden sollen, müssen Sie zum Schutz vor Feuchtigkeit Ihre Motive mit geeignetem Sprühlack übersprühen!

Tipps und Tricks

Falls Ihnen 1 cm starkes Sperrholz zu dick ist, können Sie auch dünneres Holz verwenden.

Achten Sie darauf, dass Ihr Sperrholzstück nicht zu knapp bemessen ist. Ein etwas größeres Stück lässt sich beim Aussägen besser festhalten und ist dadurch sicherer zu handhaben. Die Angaben in diesem Buch sollten Sie auf jeden Fall einhalten.

Falls die Rückseite Ihres Motivs genauso hübsch wie die Vorderseite aussehen soll, müssen Sie alle Innenlinien spiegelverkehrt auf die Motivrückseite übertragen. Dazu pausen Sie das Motiv und alle Innenlinien mit einem Bleistift vom Vorlagenbogen auf Transparentpapier ab, legen dieses mit der bemalten Seite nach unten auf die Rückseite des bereits ausgesägten Motivs und ziehen die Innenlinien nochmal nach. So überträgt sich der Grafit der Bleistiftlinien auf das Sperrholz.

Um ein Ineinanderlaufen der Farben zu vermeiden, sollte die erste Farbe richtig trocken sein, bevor Sie die nächste auftragen.

Sollten Sie beim Malen mit den Bastelfarben zufällig Innenlinien übermalen, ist das nicht schlimm. Übertragen Sie dann einfach das Motiv auf Transparentpapier, ziehen Sie die Linien mit Bleistift auf der Rückseite nach und legen Sie das Transparentpapier dann wieder auf das Motiv. Wenn Sie jetzt die Linien noch einmal nachfahren, dann überträgt sich der Bleistift-Grafit von der Rückseite des Transparentpapiers auf das Motiv. Nun können Sie die Innenlinien mit dem schwarzen Stift nachziehen.

Wenn Ihr Motiv antik wirken soll, müssen Sie mit Krakelier-Lack arbeiten. Durch ihn entsteht eine feine Rissbildung und die Farbe wirkt alt. Grundieren Sie Ihr ausgesägtes und gesäubertes Holzteil mit der gewünschten Grundfarbe und lassen Sie es trocknen. Nun bestreichen Sie die Teile mit Krakelier-Lack. Wenn auch dieser trocken ist, bemalen Sie alles mit der gewünschten Farbe. Sie sollten dabei zügig und möglichst in eine Richtung arbeiten. Die kleinen „Risse" werden relativ schnell sichtbar.

Für die Wangen und ggf. Nasen malen Sie zum Schluss einen kleinen, weißen Pinselstrich in die Wangen- bzw. Nasenfarbe. Für die Augen nehmen Sie einen kleinen Tupfen Weiß.

Zum Ankleben einzelner Holzteile habe ich die Heißklebepistole oder UHU Alleskleber Kraft verwendet.

Hübsche Stoffe zum Schmücken der Motive finden Sie bei Patchwork-Stoffen!

Um den Draht spiralförmig zu biegen, wickeln Sie ihn um einen runden Stift. Evtl. können Sie die Spirale dann noch etwas auseinander ziehen.

Um die Motive einzuhängen, sollten Sie die Ösen jeweils leicht geöffnet haben. Nach dem Einhängen lassen sich die Ösen immer noch etwas zubiegen.

Die Ösen an den Drahtenden biegen Sie um ein rundes Teil (z.B. einen Stift) in der Größe, in der Sie die Öse haben wollen. Den überflüssigen Draht kneifen Sie dann mit einem Seitenschneider ab.

Welcome
Beschreibung Seite 8

Welcome

Abbildung Seite 7

Motivgröße
ca. 38 cm x 50 cm

Material
- Sperrholzrest, 4 mm stark
- Sperrholz, 1 cm stark, 55 cm x 40 cm
- Bastelfarbe in Antikgrün, Mittelbraun, Orange, Weiß, Olivgrün und Hautfarbe
- Bindedraht, ø 0,65 mm und 0,35 mm
- 1 Knopf in Schilf, ø 1,5 cm
- Rechtwinkliges Stoffdreieck, 22 cm x 22 cm x 31 cm
- 2 Nägel, ø 1,2 mm, 20 mm lang
- Krakelier-Lack
- Bohrer, ø 1,5 mm
- Heu

Vorlagenbogen 1A

Sägen Sie die Nase und die kleine Möhre aus dem dünnen und den Hasen, seine Arme und die große Möhre aus dem dicken Sperrholz aus.
Grundieren Sie alle Teile in Antikgrün. Nach dem Trocknen streichen Sie alles mit Krakelier-Lack (siehe Seite 6) ein.

Dann lassen Sie wieder alles trocknen und bemalen die Teile wie abgebildet. Nun kleben Sie die Nase an und bohren vier Löcher für die Schnurrhaare. Durchbohren Sie die kleine Möhre zweimal und führen Sie die Bohrungen an beiden Armen aus. Dazu müssen Sie jeden Arm im Schulterbereich von vorne durchbohren und im Handbereich seitlich. Nageln Sie jetzt die Arme an, jedoch nicht zu fest, sie müssen noch beweglich sein. Kleben Sie den Knopf an, durch dessen Löcher Sie vorher von hinten ein Stück dünnen Bindedraht gefädelt, diesen vorne verzwirbelt und die Enden zu Locken gewickelt haben.
Die kleine Möhre bekommt ein Stück dicken Bindedraht von vorne durch die Löcher gesteckt, die Drahtenden werden durch die seitlichen Bohrungen beider Hände geführt und zu Locken gedreht.
Fixieren Sie den Hasen auf der großen Möhre und kleben Sie ihm ein mit dünnem Bindedraht umwickeltes Heubündel vor die Füße. Zum Schluss binden Sie dem Hasen sein Stofftuch um.

Eine flotte Gans

Sägen Sie die Gans und den Flügel aus dem Sperrholz aus und bemalen Sie alles wie abgebildet. Der Flügel wird vor dem Annageln mit dem dünnen Bohrer durchbohrt. Für den Alustab bohren Sie ein größeres Loch in den Fuß der Gans und fixieren ihn dort mit etwas Klebstoff.
Hängen Sie der Gans ein Stück Bindedraht um den Hals, fädeln Sie zwei Holzperlen auf und drehen Sie die Drahtenden zu Locken.

Motivgröße
ca. 21 cm x 32 cm

Material
- Sperrholz, 1 cm stark, 40 cm x 25 cm
- Bastelfarbe in Weiß und Orange
- Bindedraht, ø 0,65 mm
- 2 Holzperlen in Grün, ø 8 mm
- Alu-Rundstab, ø 4 mm, ca. 25 cm lang
- 1 Nagel, ø 1,2 mm, 20 mm lang
- Bohrer, ø 1,5 mm und 4 mm

Vorlagenbogen 2B

Motivgröße
ca. 13 cm x 17,5 cm (Kopfteil)

Material
- Sperrholz, 1 cm stark, 40 cm x 22 cm
- Bastelfarbe in Schilf, Weiß, Orange, Mittelgelb und Zartrosa
- Bindedraht, ø 1,4 mm
- 3 Alu-Rundstäbe, ø 4 mm, je ca. 20 cm lang
- Bohrer, ø 1,5 mm und 4 mm

Vorlagenbogen 1A

Hallo, Herr Wurm!

Sägen Sie alle Teile aus dem Sperrholz aus und malen Sie sie mit den stark mit Wasser verdünnten Farben wie abgebildet an.
Kleben Sie die Nase an und bohren Sie alle benötigten Bohrungen, für das Haar die kleine und für die Alustäbe die größeren. Dann kleben Sie das Haar aus gebogenem Draht ein und fixieren die Alustäbe.

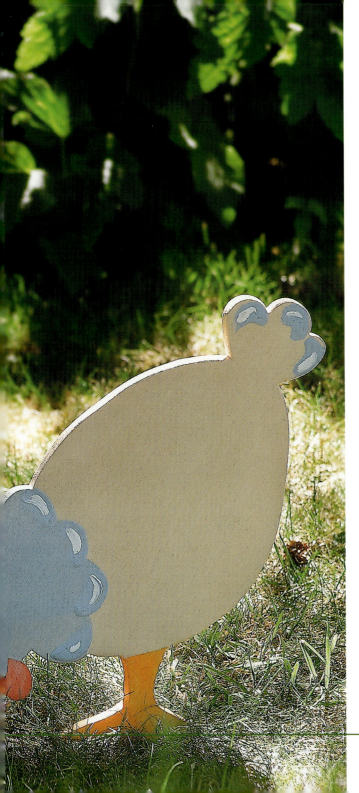

Hahn und Henne

Sägen Sie den Hahn und die Henne aus dem Sperrholz aus und bemalen Sie beide wie abgebildet. Nach dem Trocknen bohren Sie jeweils ein Loch für den Alu-Rundstab ins Sperrholz, stecken ihn hinein und kleben ihn fest. Der stolze Hahn erhält noch eine Schleife aus Paketschnur um den Hals.

Motivgröße
ca. 27 cm x 44 cm (Hahn)

Material
- Sperrholz, 1 cm stark, 50 cm x 35 cm (für den Hahn), 35 cm x 40 cm (für die Henne)
- Bastelfarbe in Orange, Weiß, Scharlachrot, Milchkaffee und Taubenblau
- Alu-Rundstab, ø 4 mm, je ca. 25 cm lang
- Bohrer, ø 4 mm
- Paketschnur, ø 1,7 mm

Vorlagenbogen 2A

Kleines Blumenbord

Abbildung Seite 16

Sägen Sie die Flügel aus dem dünnen, die Biene, die Stiefmütterchenblüten und deren Blütenmitten aus dem etwas dickeren und das Bord aus dem dicken Sperrholz aus. Bemalen Sie alles wie abgebildet, kleben Sie nach dem Trocknen die Blüten samt Mitten an und setzen Sie die kleine Biene zusammen. Bevor Sie alle Bohrungen ausführen, sollte der Kleber wirklich ganz ausgehärtet sein. Die kleine Biene erhält ihre Fühler, den Stachel und den Befestigungsdraht eingeklebt. Bevor Sie diesen Draht durch die Bohrung der Blüte stecken, sollte er schon spiralförmig gewickelt sein. Schrauben Sie nun die drei Schraubhaken in die vorgebohrten Löcher, fertig!
Das fertige Bord können Sie mit Klebekissen anbringen oder an die Wand schrauben. Dazu durchbohren Sie das Bord an zwei Stellen, halten es an die Wand und markieren mit einem Bleistift die Bohrstellen. Nachdem Sie die Löcher in die Wand gebohrt haben, befestigen Sie das Bord mit Schrauben und Dübeln.

Motivgröße
ca. 16 cm x 22 cm (ohne Biene)

Material
- Sperrholzrest, 4 mm stark
- Sperrholzrest, 6 mm stark
- Sperrholz, 1 cm stark, A4
- Bastelfarbe in Olivgrün, Mittelbraun, Beige, Hautfarbe, Weiß, Vanille, Pfirsich, Ultramarinblau, Krokus und Flieder
- Bindedraht, ø 0,65 mm
- Bohrer, ø 1,5 mm
- 3 Zier-Schraubhaken, 2,6 mm x 30 mm (vermessingt, gerade)
- Evtl. Patchworkstoff für einen Schlüssel (ca. 2 cm x 25 cm)
- Evtl. Klebekissen oder 2 Schrauben und 2 Dübel

Vorlagenbogen 2A

Motivgröße
ca. 17 cm x 17 cm

Material
- Sperrholzrest, 4 mm stark
- Sperrholzrest, 6 mm stark
- Sperrholz, 1 cm stark, 20 cm x 20 cm
- Bastelfarbe in Orange, Weiß, Schilf, Vanille, Taubenblau und Scharlachrot
- Bindedraht, ø 0,65 mm
- Bohrer, ø 1,5 mm und 4 mm
- Alu-Rundstab, ø 4 mm, ca. 16 cm lang

Vorlagenbogen 2B

Hier wächst Basilikum!

Sägen Sie das Schild aus dem dünnen, die Nase aus dem dickeren und den Rest aus dem dicken Sperrholz aus. Bemalen Sie alles wie abgebildet und bohren Sie nach dem Trocknen alle benötigten Bohrungen, für die Fühler und das Schild die kleineren Bohrungen und für den Alustab die größere. Stecken Sie beide Drahtfühler samt der angeklebten Fühlerenden in die vorgebohrten Löcher und fixieren Sie sie dort. Geben Sie der Schnecke die Nase und hängen Sie ihr das Schild um den Hals. Dazu legen Sie ihr ein Stück Draht um den Hals, stecken die Enden von hinten durch die Bohrungen des Schildes und formen die Drahtenden zu Locken. Zum Schluss fixieren Sie den Alustab.

Kleines Blumenbord
Beschreibung Seite 14

Frühlings-Baumschmuck
Beschreibung Seite 18

Motivgröße
ca. 10 cm x 11 cm (Blüte)

Material
- Sperrholzrest, 4 mm stark
- Sperrholz, 1 cm stark, A4
- Bastelfarbe in Gelbocker, Altrosa, Antikgrün, Flieder und Arktis
- Bindedraht, ø 1,4 mm
- Bohrer, ø 2 mm

Vorlagenbogen 2B

Ich halte gern einen Blumentopf

Sägen Sie die Gans, beide Flügel, beide Füße und den Schnabel aus dem Sperrholz aus und grundieren Sie alle Teile antikgrün. Nach dem Trocknen streichen Sie alles mit Krakelier-Lack (siehe S. 6) ein, lassen diesen trocknen und bemalen dann alles wie abgebildet.
Bohren Sie alle benötigten Löcher, dabei benützen Sie außer für das Haar und die Flügel den Bohrer mit ø 2 mm.
Kleben Sie den Schnabel an, nageln Sie beide Flügel an und hängen Sie die Füße unter die Gans. Die Ösen an den Drahtenden biegen Sie entweder mit einer spitzen Rundzange oder Sie wickeln den Draht dafür um ein rundes Teil (z.B. einen Stift) in der Größe, in der Sie die Öse haben wollen. Den überflüssigen Draht kneifen Sie dann mit einem Seitenschneider ab.
Für die Topfbefestigung stecken Sie ein U-förmig gebogenes Stück Bindedraht von hinten durch die Bohrlöcher, wickeln beide Drahtteile um den Topf, verdrahten beide Enden und biegen die Drahtenden zu Locken.
Das fertige Motiv können Sie mit Klebekissen befestigen oder anschrauben. Dazu durchbohren Sie die Gans an zwei Stellen, halten sie an die Wand und markieren mit einem Bleistift die Bohrstellen. Dann befestigen Sie die Gans mit Schrauben und Dübeln an der Wand.

Frühlings-Baumschmuck

Abbildung Seite 17

Sägen Sie alle Blüten und Blätter aus dem dicken und die Blütenmitten aus dem dünnen Sperrholz aus. Bemalen Sie alle Teile. Nach dem Trocknen kleben Sie die Blütenmitten an und bohren alle Löcher. Stecken Sie pro Blüte ein ca. 55 cm langes Stück Bindedraht von hinten durch die Bohrung der Blüte und des Blattes. Die Drahtenden biegen Sie zu Locken. Jetzt biegen Sie noch den Aufhängedraht in Form.

Motivgröße
ca. 20 cm x 48 cm

Material
- Sperrholz, 1 cm stark, A3
- Bastelfarbe in Antikgrün, Orange und Weiß
- Bindedraht, ø 1,4 mm
- Bohrer, ø 1,5 mm und 2 mm
- 1 Terrakotta-Topf, ø 7 cm
- 2 Nägel, ø 1,2 mm, 20 mm lang
- Krakelier-Lack
- Evtl. Klebekissen oder 2 Schrauben und 2 Dübel

Vorlagenbogen 1A

Hühnerregal

Sägen Sie den Hahnenkamm, den Schnabel und beide Kehlläppchen aus dem dünnen und den Rest aus dem dicken Sperrholz aus.
Grundieren Sie alles in Antikblau. Nach dem Trocknen streichen Sie alles mit Krakelier-Lack (siehe S. 6) ein, lassen die Teile nochmals trocknen und bemalen dann alles wie abgebildet. Bohren Sie alle Löcher ins Sperrholz und kleben Sie den Hahnenkamm, den Schnabel und die Kehlläppchen an. Schrauben Sie das Regal zusammen, die Auflagefläche des Regals ist ein Rechteck mit den Maßen 29 cm x 12 cm.
Bevor Sie die Füße annageln, sollten Sie sich schon für die Befestigung Ihres Regals entschieden haben. Entweder kleben Sie das fertige Motiv mit Klebekissen fest oder Sie schrauben es an die Wand. Dazu durchbohren Sie das Regal an zwei Stellen, halten es an die Wand und markieren mit einem Bleistift die Bohrstellen. Nachdem Sie die Löcher in die Wand gebohrt haben, befestigen Sie Ihr Regal mit Schrauben und Dübeln. Dann werden die vorgebohrten Füße vorsichtig angenagelt.

Motivgröße
ca. 31 cm x 34 cm

Material
- Sperrholzrest, 6 mm stark
- Sperrholz, 1 cm stark, 50 cm x 40 cm
- Bastelfarbe in Antikblau, Orange, Scharlachrot und Weiß
- Bohrer, ø 1,5 mm, 2 mm und 4 mm
- 8 Holzschrauben, Senkkopf, 3,5 mm x 25 mm
- 2 Nägel, ø 1,2 mm, 20 mm lang
- Krakelier-Lack
- Evtl. Klebekissen oder 2 Holzschrauben und 2 Dübel

Vorlagenbogen 1B

Na, kleines Ferkelchen!

Sägen Sie die Ohren und die Nase aus dem dünnen und das Ferkel aus dem dicken Sperrholz aus. Bemalen Sie alles wie abgebildet und kleben Sie nach dem Trocknen die Ohren und die Nase an.
Mit dem dünneren Bohrer bohren Sie die Löcher für das Schwänzchen und die Haarpracht. Den dickeren Bohrer brauchen Sie, um das Loch für den Alustab zu bohren. Jetzt kleben Sie das Schwänzchen, die Locken (siehe Tipp Seite 6) und den Stab ein.
Mit dem Stoff können Sie noch das Ringelschwänzchen verzieren.

Motivgröße
ca. 23 cm x 31 cm

Material
- Sperrholzrest, 6 mm stark
- Sperrholz, 1 cm stark, 26 cm x 35 cm
- Bastelfarbe in Weiß, Schwarz und Zartrosa
- Bindedraht, ø 1,4 mm
- Bohrer, ø 1,5 mm und 4 mm
- Alu-Rundstab, ø 4 mm, ca. 25 cm lang
- Rechteckiges Stoffteil, ca. 2 cm x 25 cm

Vorlagenbogen 1A

Spring

Abbildung Seite 26

Sägen Sie die Fühlerenden, die Nase und alle Herzchen aus dem dünnen, die Schnecke und den Salatkopf aus den dicken Sperrholz aus. Grundieren Sie als nächstes alle Teile in Antikgrün, lassen Sie alles trocknen und streichen Sie anschließend alle Teile mit Krakelier-Lack (siehe S. 6) ein. Nach dem erneuten Trocknen malen Sie alle Teile laut Abbildung an. Die Schnecke erhält große Bohrungen für die Aufhängung, kleine für die Fühler und das Anhängen des Salatkopfes. Die Fühlerenden erhalten jeweils eine kleine Bohrung, die Herzchen und der Salatkopf jedoch zwei. Stecken Sie von hinten durch die Bohrungen eines jeden Herzchens den dünnen Bindedraht, verzwirbeln Sie ihn vorne und drehen Sie die Enden zu Locken.
Als nächstes kleben Sie die Nase und die Herzchen an, hängen mit dem 0,65 mm starken Bindedraht den Salatkopf unter die Schnecke und kleben die gedrehten Drähte der angedrahteten Fühlerenden fest. Ein schmales Stück Stoff, mit etwas dünnem Bindedraht umwickelt, schmückt die Schnecke. Hängen Sie die fertige Schnecke an den gebogenen dicken Draht.

Motivgröße
ca. 20 cm x 28 cm

Material
- Sperrholzrest, 4 mm stark
- Sperrholz, 1 cm stark, A4
- Bastelfarbe in Antikgrün, Antikblau, Karminrot, Schwarz, Weiß, Gelbocker und Olivgrün
- Bindedraht, ø 1,4 mm, 0,65 mm und 0,35 mm
- Bohrer, ø 1,5 mm und 3 mm
- Rechteckiges Stoffteil, 1,5 cm x 18 cm
- Krakelier-Lack

Vorlagenbogen 2A

Motivgröße
ca. 16 cm x 28 cm x 14 cm

Material
- Sperrholzrest, 6 mm stark
- Sperrholz, 1 cm stark, 35 cm x 80 cm
- Bastelfarbe in Antikblau, Taubenblau, Antikgrün, Mittelbraun, Zartrosa, Weiß, Schwarz und Hautfarbe
- 10 Holzschrauben, Senkkopf, 3,5 mm x 25 mm
- 2 Holzschrauben, Linsenkopf, 3,5 mm x 16 mm
- Krakelier-Lack
- Bohrer, ø 2 mm und 4 mm
- Evtl. Holzleim

Vorlagenbogen 2B

Witzige Igelkiste

Sägen Sie das Schild aus dem dünnen und alle anderen Teile aus dem dicken Sperrholz aus. Grundieren Sie alles, außer dem Igel und dem Schild, in Antikblau. Nach dem Trocknen streichen Sie die grundierten Flächen mit Krakelier-Lack (siehe S. 6) ein. Erst nach weiterem Trocknen werden die Flächen wie abgebildet bemalt. Jetzt bohren Sie alle benötigten Löcher ins Sperrholz und schrauben Ihre kleine Kiste zusammen. Die Vorderseite bekommt das vorgebohrte Schild angeschraubt und wird zum Schluss von vorne nur angeklebt bzw. angeleimt. Sie können Ihre Kiste als Blumentopf, als witzige „Hausnummer" oder zum Aufbewahren einiger Gartenutensilien verwenden.

Spring
Beschreibung
Seite 24

Komm an meine grüne Seite!
Beschreibung Seite 28

Komm an meine grüne Seite!

Abbildung Seite 27

Motivgröße Hahn
ca. 12 cm x 25 cm

Material (für beide Tiere)
- Sperrholzrest, 0,4 mm stark
- Sperrholz, 1 cm stark, A3
- Bastelfarbe in Weiß, Scharlachrot, Olivgrün, Orange und Ultramarinblau
- Bindedraht, ø 1,4 mm
- Bohrer, ø 1,5 mm
- 4 Nägel, ø 1,2 mm, 20 mm lang

Vorlagenbogen 1B

Sägen Sie für den Hahn den Hahnenkamm, das Kehlläppchen und den Schnabel aus dem dünnen, die Flügel, den Körper, den Schwanz, beide Füße und beide Schenkel aus dem dicken Sperrholz aus. Malen Sie alles wie abgebildet an und kleben Sie nach dem Trocknen den Hahnenkamm, den Schnabel, das Kehlläppchen und die Schenkel von vorne fest.
Bevor Sie die Flügel annageln, durchbohren Sie sie, dies erleichtert das Annageln. Bohren Sie die Löcher für die Drahtbeine in die Schenkel und die Füße. Kleben Sie jetzt beide Drahtbeine, die ca. 10 cm lang sind und nach ca. 3,5 cm rechtwinkelig gebogen werden, samt der angeklebten Füßen an und ergänzen Sie den Schwanz von hinten.
Arbeiten Sie das Huhn genauso, es braucht jedoch keinen Schwanz.

He, kleiner Gartenzwerg

Sägen Sie den Zwerg, beide Arme und die Standfläche aus dem dicken und die Augenbrauen und die Blüte aus dem dünnen Speerholz aus. Jetzt bemalen Sie alles wie abgebildet. Solange die Gesichtsfarbe noch feucht ist, erhalten die Nase und die Wangen etwas Scharlachrot.
Nach dem Trocknen bekommt jeder Arm im Schulterbereich von vorne und jede Hand seitlich ein Bohrloch, die Blüte wird zweimal durchbohrt.
Kleben Sie nun die Augenbrauen fest und nageln Sie die Arme an, jedoch nicht zu fest, damit sie noch beweglich bleiben.
Die Blüte bekommt ein Stück dicken Bindedraht von vorne durch die Löcher gesteckt, die Drahtenden werden durch die Löcher beider Hände geführt und zu Locken gedreht.
Als nächstes stecken Sie ein dünnes Drahtstück von hinten durch die Löcher im Knopf, verzwirbeln den Draht vorne und drehen die Enden zu Locken.
Jetzt kleben Sie den Knopf an und stellen den Zwerg auf die Bodenplatte. Ein kleiner, nett bepflanzter Terracotta-Topf findet seinen Platz in der kreisförmig ausgesägten Fläche.

Motivgröße
ca. 26 cm x 43 cm

Material
- Sperrholzrest, 6 mm stark
- Sperrholz, 1 cm stark, 40 cm x 50 cm
- Bastelfarbe in Scharlachrot, Weiß, Schilf, Mango, Schwarz, Ultramarinblau, Hautfarbe und Olivgrün
- Bindedraht, ø 0,65 mm und 0,35 mm
- Bohrer, ø 1,5 mm
- Perlmuttknopf, ø 2,5 cm
- 2 Nägel, ø 1,2 mm, 20 mm lang
- 1 Terracotta-Topf, ca. ø 7 cm

Vorlagenbogen 1B

Was ist denn hier gesät?

Abbildung Seite 32

Motivgröße
ca. 8 cm x 18 cm (Salat-Möhre)

Material (für alle Stecker)
- Sperrholz, 1 cm stark, A4
- Bastelfarbe in Orange und Olivgrün

Vorlagenbogen 2A

Sägen Sie die Möhren aus dem Sperrholz aus und bemalen Sie sie wie abgebildet.

Hallo, frecher Rabe!

Sägen Sie den Schnabel, den Schwanz und das Schild aus dem dünnen und den Raben, den Flügel und die Bodenfläche aus dem dicken Sperrholz aus. Bemalen Sie alles wie abgebildet und lassen Sie es trocknen.
Jetzt werden drei Löcher für die Haarpracht gebohrt, der Flügel erhält ebenfalls eine Bohrung und das Schild zwei. Nun bekommt der Rabe von vorne seinen Flügel angenagelt, danach kleben Sie von hinten den Schwanz und von vorne den Schnabel an. Als nächstes fixieren Sie den Raben auf der Bodenfläche.
Hängen Sie dem Raben einen Draht um den Hals, stecken Sie beide Enden von hinten durch das Schild und drehen Sie die Enden zu Locken. Als nächstes erhält der Rabe seine Haare fixiert, den Schal umgewickelt und einige mit dünnem Bindedraht zusammengebundene Zweiglein angeklebt.

Motivgröße
ca. 21 cm x 33 cm

Material
- Sperrholzrest, 6 mm stark
- Sperrholz, 1 cm stark, A3
- Bastelfarbe in Schwarz, Weiß, Mango, Taubenblau und Schilf
- Bindedraht, ø 0,65 mm und 0,35 mm
- 1 Nagel, ø 1,2 mm, 20 mm lang
- Rechteckiges Stoffteil, 1,5 cm x 20 cm
- Kleine Zweiglein
- Bohrer, ø 1,5 mm

Vorlagenbogen 2B